AF356876

NOIR ET BLANC,

ARLEQUINADE,

EN UN ACTE ET EN VAUDEVILLES ;

Par MM. P. A. VIEILLARD et DUMERSAN.

Représentée pour la première fois sur le théâtre du Vaudeville, le samedi 24 mai 1806.

P R I X : 24 sols.

A PARIS,

Chez Madame **MASSON**, Libraire, et Editeur de Pièces de Théâtre et de Musique, rue de l'Echelle Saint-Honoré, N°. 10.

1806.

PERSONNAGES.   ACTEURS.

PERSONNAGES.	ACTEURS.
CASSANDRE, épicier de Bergame.	M. LE NOBLE.
COLOMBINE, sa fille.	Mad. DESMARES-THÉSIGNY.
ARLEQUIN, peintre, amant de Colombine.	M. LA PORTE.
GILLES, prétendu de Colombine.	M. CARPENTIER.
GILLETTE, sa cousine, Marchande de modes.	Mad. LE NOBLE.
FRANÇOIS, garçon épicier.	M. CARLE.
UN COMMISSIONNAIRE.	M. CÉSAR.

La Scène est à Bergame.

NOIR ET BLANC.

(*Le Théâtre représente l'arrière – boutique de Cassandre ; elle est séparée de la boutique que l'on voit au fond , par un grillage. Sur le devant, une table sur laquelle il y a un carton de dentelles.*)

SCENE PREMIERE.

COLOMBINE et GILLETTE , *assises, travaillant dans la salle.* FRANÇOIS , *au comptoir , dans la boutique.*

COLOMBINE.

Et il t'a quittée la veille de tes noces ?

GILLETTE.

Hélas ! oui , ma chère Colombine.

COLOMBINE.

Pauvre Gillette ! c'est bien malheureux !

GILLETTE.

Pas autant que s'il m'eût quitté le lendemain.

COLOMBINE.

Et tu n'as fait aucune démarche pour savoir ce qu'il est devenu ?

GILLETTE.

Fi donc.

AIR : *De René Lesage.*

Moi courir après un mari,
La chose eût été ridicule ;
Même pour un amant chéri
J'en aurais eu quelque scrupule,
Puisque loin d'obtenir pour nous
Des procédés tels que les nôtres ,
Si l'on voit courir nos époux ,
C'est après les femmes des autres.

COLOMBINE.

Ce M. Gilles n'était donc pas amoureux de toi?

GILLETTE.

C'était un sot.

COLOMBINE.

Ces gens-là n'aiment qu'eux-mêmes.

GILLETTE.

D'ailleurs, mariage d'intérêt. Pascariel, mon oncle et le sien, l'avait arrangé pour terminer des affaires de famille; mais quittons M. Gilles, mon futur et mon cousin, que je ne reverrai jamais, et parlons d'un homme que tu brûles de revoir.

COLOMBINE.

Qui donc? ma chère Gillette.

GILLETTE.

Ta bouche craint de le nommer ; tu n'as pas le cœur sur les lèvres.

COLOMBINE.

Ah ! tu veux parler de ce jeune homme que depuis quelque temps je rencontre tous les soirs à la promenade.

GILLETTE.

Et qui, le jour de votre première rencontre , dessinait une vue de Bergame.

COLOMBINE.

Et quitta son ouvrage aussitôt qu'il m'aperçut. Il m'a paru bien aimable , ce M. Arlequin.

GILLETTE.

Ah ! Il se nomme Arlequin ? Comment l'as-tu appris ?

COLOMBINE.

Ah ! par le plus grand hasard. Je me suis informée de sa demeure , j'ai su qu'il était en pension chez Madame Barbe. Madame Barbe m'a dit qu'il venait de Paris; que sa famille est originaire de Bergame ; qu'il vient exercer ici son état de peintre , et que c'est un garçon fort rangé.

GILLETTE.

Ah! je vois que tu n'as laissé surprendre ton cœur qu'avec connaissance de cause.

AIR : *Ce boudoir est mon Parnasse.*

Je pénètre le mystère
De tes nouveaux sentimens ;

Il est peintre, et toi, ma chère,
Tu raffoles des talens.
Jamais un cœur ne résiste
A de semblables hasards ;
Si tu chéris un artiste,
C'est par amour pour les arts.

Et tu n'as pas mis ton père dans la confidence ?

COLOMBINE.

Oh ! non , je n'ai pas osé.

GILLETTE.

Voilà mon bonnet fini.

COLOMBINE.

Il est charmant.

GILLETTE, *se levant.*

Je vais le porter à Lucrèce, notre voisine.

COLOMBINE.

Je n'en ai pas encore vu de cette forme-là.

GILLETTE.

Que veux-tu, la mode change si souvent.

AIR *du Vaudeville de l'Intrigue sur les toits.*

De mes chapeaux à la Minerve,
Je ne vois plus depuis long-temps
Que mainte vieille qui se serve
Pour nous cacher ses cheveux blancs.
Pour la femme sentimentale,
Qui veut déguiser ses ardeurs,
J'ai des fichus à la vestale.

COLOMBINE.

Bon ! ce sont des fichus menteurs.
On te verra ?

GILLETTE.

Je passe la journée avec vous : c'est aujourd'hui Dimanche.

SCENE II.

COLOMBINE, FRANÇOIS.

FRANÇOIS.

MADEMOISELLE, vous voilà seule, voulez-vous que je vous
tienne compagnie ?

COLOMBINE.

Ne faut-il pas qu'il y ait du monde au comptoir ?

FRANÇOIS.

Là, là, ne vous fâchez pas. (*A part.*) La singulière fille, elle ne veut jamais causer.

SCENE III.

LES MÊMES, ARLEQUIN *dans le fond.*

ARLEQUIN.

A la boutique !

COLOMBINE.

Voyez-vous, on appelle.

FRANÇOIS.

Eh bien, mademoiselle, j'y vais.

ARLEQUIN.

A la boutique !

COLOMBINE.

Allez donc. (*Elle voit Arlequin.*) Ah ! c'est lui.

FRANÇOIS.

Il faut bien que je mette çà là, M. Cassandre me l'a dit.

ARLEQUIN *arrivant près d'elle, pendant que François porte les pains de sucre.*

Vous voilà, mon aimable Colombine.

COLOMBINE.

Quelle imprudence !

FRANÇOIS, *toujours occupé.*

Monsieur, je suis à vous dans la minute.

ARLEQUIN.

Mon ami, ne vous pressez pas. (*à Colombine.*) Je voulais absolument vous parler en particulier.

FRANÇOIS, *qui a fini.*

Me voilà, Monsieur, que vous faut-il ? Vous trouverez ici tout ce que vous pouvez désirer.

ARLEQUIN, *regardant Colombine.*

Je le savais quand je suis venu.

FRANÇOIS.

Notre magasin est bien fourni ; voulez-vous de la muscade, du fromage de Parmesan ?

Air : *Mais ma mère est-ce que j'sais çà.*

ARLEQUIN, *à Colombine.*

Sur mon destin, mon amie,
Je viens ici m'éclairer.

FRANÇOIS.

Voulez-vous de la bougie ?

COLOMBINE, *à Arlequin.*

Que pouvez-vous espérer ?

ARLEQUIN.

Vous avez charmé mon âme ;
Mais, hélas ! daignez parler,
Pour entretenir ma flâme....

FRANÇOIS.

Faut-il de l'huile à brûler ?

COLOMBINE.

Taisez-vous donc, François ; vous voyez bien que Monsieur
s'adresse à moi.

FRANÇOIS.

Mais, Mademoiselle, je ne suis pas ici pour rien.

ARLEQUIN, *à Colombine.*

Un mot, un seul mot.

COLOMBINE.

Vous me faites trembler ; si mon père allait vous surprendre.

(*On entend tousser M. Cassandre.*)

FRANÇOIS.

Mademoiselle, j'entends la voix de Monsieur votre père.

ARLEQUIN.

Il a bien fait de nous avertir.

COLOMBINE.

Sauvez-vous donc.

ARLEQUIN.

Soyez tranquille. (*Il rentre dans la boutique.*) Garçon !
venez donc me servir.

FRANÇOIS.

Mais il est donc fou, cet homme-là. Tout à l'heure il ne
me répondait pas, actuellement il m'appelle.

SCÈNE IV.

LES MÊMES, M. CASSANDRE.

CASSANDRE, *toussant.*

Ouf, maudite toux. Bonjour ma fille.

ARLEQUIN, *près du comptoir.*

Garçon ! garçon !

CASSANDRE.

Eh bien, François, allez donc à la boutique.

FRANÇOIS.

J'y vas, M. Cassandre.

CASSANDRE.

Ah çà, ma fille, je vais....

COLOMBINE.

Vous allez sortir, mon père ; voilà votre canne et votre chapeau.

CASSANDRE.

Sortir par le froid qu'il fait, et avec mon cathare, y penses-tu ? Donnes-moi une chaise. Bon, et apporte....

COLOMBINE.

Votre chocolat ?

CASSANDRE.

Eh non ; toute ton attention à ce que je vais te dire.

COLOMBINE.

Je vous écoute. (*A part.*) Il est encore là.

ARLEQUIN.

Ah ! si elle pouvait m'entendre.

CASSANDRE.

AIR : *Du port Mahon.*

Ecoutez bien, ma fille,
   Honneur,
   Bonheur
De notre famille ;
Vous devenez gentille,
Et bonne à marier.

ARLEQUIN, *à François.*

Un cahier de papier.

CASSANDRE.

Mon métier
D'épicier,
Peut faire apprécier
Votre riche héritage.

ARLEQUIN, *à François.*

Combien.

FRANÇOIS.

Deux sols.

CASSANDRE.

D'ailleurs, fille sage
Doit, par le mariage,
Faire enfin
Une fin.

ARLEQUIN, *regardant le papier.*

Qu'il est fin.

CASSANDRE.

J'ai trouvé pour toi un parti fort convenable ; un jeune homme que j'attends aujourd'hui même.

COLOMBINE.

Quoi ? déjà, mon père.

CASSANDRE.

Un garçon charmant, à qui j'ai envoyé ton portrait, qui en est devenu amoureux, qui vient épouser le modèle, et qui, pour arriver plus vîte, a pris...

COLOMBINE.

La messagerie ?

CASSANDRE, *riant.*

Non, l'aile du désir.

ARLEQUIN.

Une plume.

COLOMBINE.

Quand cet homme me verra, il ne voudra peut-être pas de moi.

CASSANDRE.

Eh ! pourquoi ? vous n'êtes point mal, d'une belle venue.

ARLEQUIN, *regardant la plume.*

Elle est bien taillée.

COLOMBINE.

Supposons qu'il veuille de moi, j'ai peur de ne pas vouloir de lui.

ARLEQUIN.

Permettez-moi d'essayer ma plume.

CASSANDRE.

Tout cela m'est égal ; j'ai décidé que vous épouseriez Gilles.

COLOMBINE.

Mon futur s'appelle ainsi.

CASSANDRE.

Oui, Mademoiselle, votre mari sera Gilles.

COLOMBINE.

Mon père, il est de mon devoir de vous dire que je ne l'épou-serai pas.

CASSANDRE.

Comment ? fille rebelle, vous ne l'épouserez pas ?

COLOMBINE.

Je vais vous donner mes raisons.... Apprenez...

CASSANDRE.

Je sais tout ce qu'il faut savoir,

COLOMBINE.

Mais, écoutez.

CASSANDRE.

Je n'écoute rien.

COLOMBINE.

Il faudrait pourtant....

CASSANDRE.

Vous taire et m'obéir : qu'est-ce que c'est donc çà ?

ARLEQUIN.

Donnez-moi un pain....

FRANÇOIS.

De sucre ?

ARLEQUIN.

Non, un pain à cacheter. (*Il plie la lettre.*) Avez-vous de la monnaie ?

FRANÇOIS.

Non, Monsieur.

ARLEQUIN, *lui donnant six francs.*

En ce cas là, rendez-moi.

FRANÇOIS, *revenant dans la salle.*

M. Cassandre, la monnaie de six francs.

CASSANDRE.

Qu'est-ce que c'est ?

FRANÇOIS.

Quatre sous.

CASSANDRE.

Qu'il faut prendre ?

FRANÇOIS.

Non, qu'il faut prendre

ARLEQUIN, *glissant la lettre à Colombine.*

Entendez-vous qu'il faut prendre ?

COLOMBINE, *prenant la lettre.*

Ah !

CASSANDRE.

Qu'avez-vous ?

COLOMBINE.

Rien, mon père.

FRANÇOIS.

C'est rendu.

ARLEQUIN.

Merci, mon ami ; j'aime beaucoup cette boutique, je reviendrai. (*Il sort.*)

SCENE V.

LES MÊMES, *excepté* ARLEQUIN.

CASSANDRE.

Voila une pratique de plus.

FRANÇOIS.

Il n'a pas fait une grande dépense.

COLOMBINE.

Oh ! il reviendra.

CASSANDRE.

Oui, l'on revient ici.

AIR : *Tenez, moi, je suis un bonhomme.*

Joli minois nous achalande :
Dans Bergame on le voit souvent,
C'est en faveur de la marchande
Que la marchandise se vend.

Nous autres, pères de famille,
Plus d'un, ainsi nous attrappa ;
Un jeune homme achète à la fille,
Pour mieux en revendre au papa.

COLOMBINE, *à part.*

Il ne croit pas si bien dire.

CASSANDRE.

Ah çà, vous m'avez entendu. Je remonte dans ma chambre déjeûner, et faire ma toilette pour recevoir mon gendre. Ma fille, songez à exécuter mes ordres paternels. (*Il sort.*)

SCENE VI.
COLOMBINE, FRANÇOIS.

COLOMBINE *ouvre la lettre.*

Ah! mon Dieu, un portrait : c'est le sien ; il est à la silhouette. Mais lisons sa lettre.

AIR : *Du pas redoublé.*

A votre porte, objet charmant,
  Je reste en sentinelle,
Et vous assiége en ce moment
  Comme une citadelle.
La victoire me restera,
  Car loin que l'on me chasse,
Dès que l'ennemi sortira,
  J'emporterai la place.

Mon père est l'ennemi, tâchons de le faire sortir. Ah ! voici Gillette.

SCENE VII.
COLOMBINE, GILLETTE, FRANÇOIS, *dans la boutique.*

COLOMBINE.

Eh ! viens donc , ma bonne amie, j'ai de jolies nouvelles à t'apprendre.

GILLETTE.

Qu'est-ce donc ?

COLOMBINE.

Ton prétendu.....

GILLETTE.

Eh bien !

COLOMBINE.

Il arrive.

GILLETTE.

En vérité.

COLOMBINE.

Et le mien aussi.

GILLETTE.

Comment cela ?

COLOMBINE.

Mon futur est ton prétendu.

GILLETTE.

Et tu me l'enleverais ?

COLOMBINE.

Au contraire ; je ne demande qu'à te le rendre.

GILLETTE.

Mérite-t-il que je le reprenne ?

COLOMBINE.

Pourvu que j'en sois débarrassée.

GILLETTE.

C'est qu'il me trahira peut-être encore ; il m'avait fait tant de sermens.

COLOMBINE.

Ne m'as-tu pas parlé d'une certaine promesse ?

GILLETTE.

Tu vois comme elle m'a servi.

COLOMBINE, *chante.*

Fiez-vous, fiez-vous aux promesses des Gilles.

GILLETTE.

Comme à celles des autres hommes.

COLOMBINE.

Mais s'était-il engagé ?

GILLETTE, *avec importance.*

Sous seing-privé.

AIR : *Je vous comprendrai toujours bien.*

L'ingrat, la veille de l'hymen,
Aux plus doux transports s'abandonne,
Et promet pour le lendemain
Son bien, son cœur et sa personne.
Mais promettre, hélas ! ce n'est rien :
Car aujourd'hui, de sa tendresse,
De sa personne et de son bien,
Que me reste-t-il ? (ter.) sa promesse.

(*Elle la montre à Colombine.*)

COLOMBINE.

Il faut en faire usage.

GILLETTE.

Je l'espère bien.

COLOMBINE.

Mais mon père entendra-t-il raison ?

GILLETTE.

Il est vrai qu'il est fort entêté.

COLOMBINE.

Si nous consultions Arlequin ?

GILLETTE.

Non, il me vient une autre idée ; et je vais à la maison de prêt voisine , où je sais que Gilles a laissé.... Il ne peut pas avoir renouvelé. Pourvu que ce ne soit pas vendu.

COLOMBINE.

Explique-moi donc ton projet.

GILLETTE.

Non ; promets-moi seulement d'être adroite et discrète, je reviens dans un moment. (*Elle sort.*)

SCÈNE VIII.

COLOMBINE, FRANÇOIS.

COLOMBINE.

Je compte sur son amitié. D'après la lettre d'Arlequin, il ne peut tarder à venir, renvoyons François. François !

FRANÇOIS.

Mademoiselle.

COLOMBINE.

Mon prétendu n'arrive pas. Allez sur-le-champ à la poste voir s'il n'y a pas de lettres pour mon père.

FRANÇOIS.

L'impatience d'être mariée... J'y vas, mademoiselle. (*Il sort*)

SCÈNE IX.

COLOMBINE, *seule, tenant le portrait d'Arlequin,* ARLEQUIN, *entre à la fin du couplet.*

COLOMBINE.

Quelle ressemblance !

'AIR : *Fidélio, mon doux ami.* (de Léonore, ou l'Amour Conjugal.

Portrait charmant de mon ami,	N'est point l'image d'un trompeur ;
Quand tu m'offres sa ressemblance,	Il est parlant, il dit : je t'aime. (bis)
En toi dois-je trouver aussi	Si le seul portrait d'Arlequin
Un gage heureux de ta constance ?	De plaisir agite mon sein.
Non, non, ce portrait enchanteur	Qu'est-ce donc (bis) qu'Arlequin lui-même.

ARLEQUIN, *entrant.*

C'est moi, Mademoiselle ; êtes-vous seule ?

COLOMBINE.

Ne parlez pas trop haut, mon père est dans sa chambre.

ARLEQUIN.

Est-ce qu'il n'est pas sourd ?

COLOMBINE.

Pas tout-à-fait.

ARLEQUIN.

En ce cas, pour qu'il ne puisse nous entendre,

AIR *du Vaudeville de la Belle Marie.*

Parlons tout bas, ma chère,
Empruntons en ce jour

Le voile du mystère
Pour cacher notre amour.

COLOMBINE.

Chez vous, que j'aime ce langage !
Il annonce l'amant discret,
Qui du bonheur donnant un gage,
Prend le cœur, garde le secret.

ENSEMBLE.

ARLEQUIN.

Tous deux sachons nous taire,
   etc., etc.

COLOMBINE.

Tous deux sachons nous taire,
   etc., etc.

ARLEQUIN.

Heureux avec délicatesse,
Je saurai si j'ai votre cœur.
Parler bien haut de ma tendresse,
Parler tout bas de mon bonheur.

ENSEMBLE.

Tous deux sachons nous taire, etc. etc.

COLOMBINE.

Mais, monsieur Arlequin, nous ne nous connaissons pas beaucoup.

ARLEQUIN.

Nous ferons connaissance.

COLOMBINE.

Vous ne m'avez vu qu'une fois. Puis-je être bien sûre que vous m'aimez ?

ARLEQUIN.

Il ne faut pas vous voir deux fois pour cela.

COLOMBINE.

Mais quel est votre état, votre pays, votre fortune ? qu'êtes-vous ? que faites-vous ? d'où venez-vous ?

ARLEQUIN.

AIR : *De la Bonaparte, ou Vaudeville de Duguay-Trouin.*

Peintre et voyageur, je chéris
   La peinture
   D'après nature ;
Et je trouvais dans ce pays
De quoi faire un croquis
   Exquis.
Or, j'allais croquer Bergame,
Quand je vins à remarquer,
Près de la ville, une femme
Bien plus gentille à croquer.
   De ma main,
   Voilà que soudain

S'échappent crayon et tablette.
De vos yeux un regard vainqueur
Peint votre image dans mon cœur.
Pour vous revoir, ma poulette,
Il faut trouver un moyen,
Et je viens faire une emplette,
   Sans avoir besoin de rien.
De vos attraits, objet chéri,
J'ai fait l'esquisse sans rien feindre,
Et pour vous achever de peindre,
Je veux être votre mari.

COLOMBINE.

Je ne vous refuse pas; mais il faut que mon père vous accepte.

ARLEQUIN.

Nous voilà mariés; maintenant que le marché est fait, un petit baiser pour denier à Dieu.

COLOMBINE.

Comment, Monsieur, déjà un baiser ?

ARLEQUIN.

AIR : *Héros d'amour, touchans modèles.* (Théophile.)

Le refuser est inutile,
Tu dois me payer de retour.

COLOMBINE.

Vous me tutoyez ?

ARLEQUIN.

C'est le style
Des Arlequins et de l'Amour.
Que ton baiser serve d'étrennes
A l'amant qu'il faut couronner.

COLOMBINE.

Je ne veux pas vous le donner,
Mais je veux bien que tu le prennes.

ARLEQUIN.

Je vous remercie de ta complaisance.

SCENE X.

LES MÊMES, UN COMMISSIONNAIRE, *ivre.*

LE COMMISSIONNAIRE.

N'est-ce pas ici que reste la boutique de M. Cassandre ?

ARLEQUIN.

Oui, mon ami, que lui voulez-vous ?

LE COMMISSIONNAIRE.

C'est de la part de M. Gilles, qui vient de descendre à l'auberge du Grand-Cerf, où il se fait coiffer pour venir ici, et voilà sa valise, en attendant qu'il vienne lui-même.

ARLEQUIN.

Quel est donc ce Gilles qui vient s'établir ici ?

COLOMBINE.

Je vais vous expliquer cela, renvoyez le commissionnaire.

ARLEQUIN.

Mon ami, voulez-vous un reçu?

LE COMMISSIONNAIRE.

Oh je suis payé ; il n'y a que le *pour-boire*.

ARLEQUIN.

On vous a donc fait crédit au cabaret?

LE COMMISSIONNAIRE.

Oh ! j'y suis connu. (*Il sort.*)

ARLEQUIN, *le reconduisant.*

Je le crois bien, une pratique. Allez, allez, mon petit.

SCENE XI.
ARLEQUIN, COLOMBINE.

ARLEQUIN.

AIR : *Vous retrouverez Adèle.* (Fanchon.)
Quel est donc ce monsieur Gille?

COLOMBINE.

Ce n'est rien qu'un imbécille
Qui veut être mon époux.

ARLEQUIN.

Oh ! j'étouffe de courroux.

COLOMBINE.

Il a l'aveu de mon père.

ARLEQUIN.

Mais quant au vôtre, j'espère
Qu'il ne pourra l'obtenir?

COLOMBINE.

Il s'est laissé prévenir.
De ce rival téméraire
Comment se débarrasser?

ARLEQUIN, *montrant la valise.*

Ceci me donne, ma chère,
Un moyen de le chasser. (bis.)

COLOMBINE.

Explique-moi ce mystère.

ARLEQUIN.

Dans l'instant tu le sauras.

COLOMBINE.

Sauve-toi, j'entends mon père.

ARLEQUIN.

Bientôt tu me reverras.

COLOMBINE.

Oui, bientôt tu reviendras,

<table>
<tr><td>COLOMBIME.</td><td>ARLEQUIN.</td></tr>
<tr><td>Adieu, ne tardes pas.</td><td>Bientôt je reviens sur mes pas.</td></tr>
</table>

SCENE XII.

CASSANDRE, COLOMBINE.

COLOMBINE.

Quel peut-être son dessein ?

CASSANDRE.

Eh bien ! ma fille, pas encore de prétendu.

COLOMBINE, *avec humeur.*

Il n'arrivera que trop tôt.

CASSANDRE.

Qu'est-ce que cela veut dire ? Mais que vois-je ? Est-ce ainsi qu'une demoiselle Cassandre doit paraître devant celui qui sera son époux ?

COLOMBINE.

Que me manque-t-il, mon père ?

CASSANDRE.

Plus d'obéissance à mes volontés, et un fichu, Mademoiselle. Montez à votre chambre.

COLOMBINE.

J'y vais, mon père. (*Elle sort en rechignant.*)

SCENE XIII.

CASSANDRE, *seul.*

Comme la jeunesse est changée depuis un demi-siècle !

AIR : *La chanson que chantait Lisette.*

De notre tems, les jeunes filles
D'un père écoutaient la leçon.
L'ordre régnait dans les familles :
Ce n'est plus la même chanson.
Se livrer à des bagatelles,
De tout raisonner sans façon,
Voilà bien, dans les mœurs nouvelles,
La chanson (bis) de nos demoiselles.

SCENE XIV.

CASSANDRE, GILLES, FRANÇOIS.

FRANÇOIS.

M. Cassandre, voici quelqu'un qui demandait votre adresse à votre porte, et que je vous amène.

GILLES.

Air : *J'ai perdu mon âne.*

Je viens à Bergame,
Pour y prendre femme,
Je dois la trouver ici.
D'après cela, monsieur, si
Vous êtes Cassandre,
Je suis votre gendre.

CASSANDRE.

Eh quoi! vous seriez M. Gilles?

GILLES.

En personne naturelle.

CASSANDRE.

Ah! mon ami, je ne vous attendais plus à force de vous avoir attendu.

GILLES.

Eh bien, me voilà. Ah! ça, beau-père, permettez que je regarde l'agenda de mes commissions. Je n'ai pas de mémoire, et je me souviens qu'il y a quelque chose pour vous.

CASSANDRE.

Quelque chose pour moi? Sans doute un cadeau de M. Pantalon.

GILLES, *lisant.*

Aller acheter un superbe pâté.

CASSANDRE.

Un pâté? c'est bon.

GILLES.

Pour M. le docteur. Ah! voilà votre article. Ne pas oublier la tabatière d'or.

CASSANDRE.

Ah! cela vaut mieux qu'un pâté.

GILLES.

Et la présenter à M. Cassandre.

CASSANDRE.

Oh! c'est charmant.

GILLES.

Pour lui demander son avis.

CASSANDRE.

Je la trouverai toujours de mon goût.

GILLES.

La porter ensuite à M. Lélio.

CASSANDRE.

Il pouvait bien se passer de mon avis.

GILLES.

Enfin, donner à M. Cassandre, de la part de M. Mezzetin.

CASSANDRE.

Ah ! ce bon ami, je le reconnais bien là.

GILLES.

Lui donner le bonjour.

CASSANDRE.

Est-ce là tout ce que vous m'apportez de Paris?

GILLES.

Pas davantage, beau-père. Mais où est donc ma chère prétendue? M. Cassandre, ne tardez pas à nous mettre en présence.

CASSANDRE.

Vous la verrez, Gilles.

GILLES.

AIR : *de Molière à Lyon.*

A nos regards, pour nous charmer,
Tous les deux nous devons paraître;
Pour l'hymen il faut nous aimer,
Et pour nous aimer, nous connaître;
Pour nous connaître, il faut nous voir;
Pour nous voir, beau-père, il me semble
Qu'il serait de votre devoir
De nous faire trouver ensemble.

CASSANDRE.

Votre demande est légitime, et j'y souscris. François, faites venir ma fille.... Eh bien, M. Gilles, que dit-on à Paris?

GILLES.

C'est selon, M. Cassandre : bonjour, bonsoir, comment vous portez-vous ? çà va bien, çà va mal; voilà le fond de toutes les conversations à la mode.

CASSANDRE.

Et l'épicerie et les beaux-arts ?

GILLES.

La drogue a toujours le plus grand débit.

CASSANDRE.

Et les nouvelles littéraires ?

GILLES.

La science fait tous les jours de grands progrès.

Air : *De la cinquième édition.*

Lisez l'Almanach des Gourmands,
Vous trouverez, page dernière,
Potage de soixante francs.

CASSANDRE.

Quel est l'inventeur ?

GILLES.

Un confrère.
Par des procédés bien plus beaux,
Un grand maître dans l'art chimique,
Fait de la soupe avec des os..

CASSANDRE.

C'est de la soupe économique.

SCENE XV.
LES MÊMES, COLOMBINE.

COLOMBINE.

Que me voulez-vous, mon père ?

CASSANDRE.

Vous présenter, Mademoiselle, votre futur.

COLOMBINE.

Quoi! c'est Monsieur que....

GILLES.

Oui, Mademoiselle, c'est moi qui.,..

CASSANDRE.

Allons, allons, point de compliment; je vais envoyer
chercher mon notaire.

COLOMBINE, *à part.*

Et Arlequin qui n'arrive pas ?

SCENE XVI.

LES MÊMES, *dans la boutique.* FRANÇOIS, GILLETTE, GILLES.

FRANÇOIS.

M. Cassandre, c'est M. Gilles.

CASSANDRE.

Je le sais bien.

FRANÇOIS.

Eh non, vous ne savez pas, c'est un autre Gilles.

COLOMBINE, *à part.*

Serait-ce Arlequin?

CASSANDRE.

Comment, un autre ? Mais je vous croyais fils unique.

GILLES.

Sans doute, M. Cassandre, je suis unique ; nous le sommes tous de père en fils dans notre famille.

CASSANDRE.

Il faut savoir ce que c'est que cela ; fais entrer.

FRANÇOIS.

Entrez, M. Gilles.

COLOMBINE.

Ah, mon Dieu, c'est Gillette, quel est son dessein?

GILLETTE, *faisant des salutations.*

AIR : *Je crains de lui parler la nuit.* (Richard)

Je viens ici me marier
A la fille d'un épicier
Qui se nomme Cassandre.

CASSANDRE, *montrant Gilles.*

Eh! mais, voilà mon gendre.

GILLES.

Oui, le fait est certain,
C'est moi qui le serai demain.

GILLETTE.

Oh ciel! c'est mon cousin.

GILLES.

Qu'est-ce qu'il dit donc ? En fait de cousin je n'ai jamais eu qu'une cousine. (*à part.*) Est-ce que Gillette aurait un frère.

GILLETTE.

Quoi donc , cousin ? viendriez-vous ici pour me souffler ma prétendue ?

GILLES.

Que prétendez-vous ? C'est bien la mienne.

GILLETTE.

Quoi ! M. Cassandre, vous voulez donner deux maris à votre fille ?

CASSANDRE.

Mais point du tout, je n'attendais qu'un Gilles.

GILLES.

Et c'est moi.

GILLETTE.

Pourquoi donc m'avez-vous demandé ?

CASSANDRE.

Mais je n'ai demandé que le Gilles qui demeure chez Monsieur Pantalon.

GILLETTE.

Et c'est moi.

GILLES.

En voici bien d'un autre ; M. Cassandre ne vous y fiez pas : c'est un fin matois, il n'est pas de la famille ; il veut abuser votre bonhommie.

CASSANDRE.

Qu'est-ce que c'est que ma bonhommie ? Messieurs , croyez-vous faire une dupe de Cassandre ?

GILLES.

Air : *Du Vaudeville des Vélocifères.*

Tu prends ma place dans ces lieux.

GILLETTE.

Non, c'est toi qui leur en imposes.

CASSANDRE.

Ma fille, choisis si tu peux ,
Ou bien, devines, si tu l'oses.
Tous deux seraient-ils imposteurs ?
Lequel ment , lequel est le nôtre ?

COLOMBINE.

Lorsqu'ils se traitent de menteur,
Ils ne mentent ni l'un ni l'un ni l'autre.

CASSANDRE.

Attends , attends , je vais débrouiller ce mystère. Vous vous dites tous deux envoyés par M. Pantalon ?

GILLES et GILLETTE.

Oui, M. Cassandre.

CASSANDRE.

Voyons vos preuves.

GILLES.

La lettre de M. Pantalon.

GILLETTE.

Une belle veste brodée que M. Pantalon vous envoie.

CASSANDRE, *montrant Gillette.*

Voilà le véritable Gilles : ma fille, prépare-toi à lui donner ta main.

GILLETTE, *embrassant Colombine.*

Belle future ! je prends un à-compte sur le mariage.

COLOMBINE, *bas à Gillette.*

Qu'as-tu fait ? Tu vas tout perdre.... Arlequin....

GILLES.

Comment, M. Cassandre, vous souffrez qu'il l'embrasse à votre barbe ? Regardez donc comme ils se parlent de près !

CASSANDRE.

Mademoiselle, passez à côté de moi. (*à Gilles.*) Et vous, imposteur, retirez-vous, ou craignez l'effet de mon ressentiment.

SCENE XVII.

LES MÊMES, ARLEQUIN *en Gilles dans la boutique,* **FRANÇOIS.**

FRANÇOIS, *à Cassandre.*

Monsieur ! encore M. Gilles.

CASSANDRE, *lui donnant un soufflet.*

Tiens, voilà pour lui.

FRANÇOIS, *pleurant.*

Est-ce ma faute s'il s'appelle comme çà ?

ARLEQUIN, *entrant.*

AIR : *Fillettes, fillettes.* (de la Soirée Orageuse.)

J'arrive, j'arrive,
Et l'ardeur la plus vive
De Paris m'amène en ces lieux.

(Morceau d'ensemble parodié du duo du Prisonnier.)

CASSANDRE.

O ciel ! en croirai-je mes yeux ?

TOUS, *excepté Arlequin et Colombine.*

En croirais-je mes yeux !

ARLEQUIN.

Qu'avez-vous donc ? Qui vous étonne !

CASSANDRE.

Mais quel rapport prodigieux !

ARLEQUIN.

Que manque-t-il à ma personne ?

CASSANDRE.

Oui , l'habit se rapporte au mieux.

GILLES.

Triste effet de la ressemblance !

ARLEQUIN.	GILLES.
Quelle est donc cette ressemblance ?	Triste effet de la ressemblance,
Au lieu d'un Gilles, j'en vois deux.	Pour un rival, j'en trouve deux.

ARLEQUIN, GILLES, GILLETTE, *à Cassandre.*

N'êtes-vous pas mon cher beau-père !

CASSANDRE.

Je n'en sais rien en vérité.

Tous trois.

C'est moi qu'il faut que l'on préfère.

CASSANDRE.

Quel chaos, quelle obscurité !

ENSEMBLE.

CASSANDRE, ARLEQUIN, GILLES, COLOMBINE.	GILLETTE.
Quelle rencontre étonnante !	Quelle avanture plaisante !
Dans quel chaos me voilà !	Dans quel chaos les voilà !
Ce quiproquo me tourmente,	Vraiment, la scène est amusante.
Je n'entends rien à tout cela.	J'entends fort bien , moi, tout cela.

ARLEQUIN.

Mais il en pleut donc des Gilles ?

GILLETTE, *bas à Arlequin.*

Soyez tranquille , je ne suis , comme vous , qu'un Gilles d'occasion.

CASSANDRE.

Allons, de la tête et du cœur. (*à Arlequin.*) Approchez , Monsieur le dernier venu.

ARLEQUIN, *s'approchant de Colombine par derrière.*

AIR *de Palma.*

Caché sous ces habits, revois ton Arlequin.

CASSANDRE, *le considérant.*

Mais, monsieur, vous avez le teint d'un Africain.

ARLEQUIN.

J'ai parcouru l'Afrique,
Et les feux du Tropique
Ont causé ma noirceur ;
Mais j'ai sur le visage
Ce que maint personnage
A souvent dans le cœur.

GILLES.

Çà m'est égal ; çà ne me regarde pas.

AIR : *Vaudeville de M. Guillaume.*

Dans tout ceci, je suis blanc comme neige :
De ce complot je me lave les mains.

GILLETTE *à Cassandre, et montrant Gilles.*

A tous deux il nous tend un piége,
Méfiez-vous de ses desseins.

ARLEQUIN.

Vous me croirez innocent, je l'espère,
De tout stratagème odieux,
Et c'est en vain que l'on voudrait, beau-père,
Me noircir à vos yeux.

CASSANDRE.

Messieurs, je veux bien croire que vous êtes tous trois des
Gilles ; mais il ne faut qu'un gendre, arrangez-vous de manière à me le faire trouver.

ARLEQUIN.

En ce cas, renvoyez ces deux messieurs.

GILLES.

Le beau moyen !

ARLEQUIN.

Et d'ailleurs, consultez le cœur de votre Colombine.

AIR : *Souvent la nuit quand je sommeille.*

Nous sommes trois, et votre fille
Ne saurait partager son cœur.
Cher papa, dans votre famille,
Ne recevez pas un trompeur.
Je suis sûr d'avoir l'avantage
Sur mes deux rivaux aujourd'hui,
Si vous la donnnez à celui
Qui la chérira davantage.

CASSANDRE.

Il parle avec sentiment.

GILLES.

Ah çà, croyez-vous que je sois venu ici pour y faire le pied de grue?... C'est que je suis homme à m'en retourner...

ARLEQUIN.

Sur ce pied là. Mais j'ai un moyen sûr de me faire rendre justice. M. Cassandre, voilà la lettre de M. Pantalon.

CASSANDRE.

Je reconnais sa main.

GILLES.

J'en ai une aussi.

CASSANDRE.

Où est-elle?

GILLES.

Dans ma valise.

CASSANDRE.

Où est votre valise?

GILLES.

Chez vous, je l'ai fait apporter par un commissionnaire.

CASSANDRE.

Fort bien.... François, avez-vous vu une valise?

FRANÇOIS.

Moi, je n'ai vu que ces Messieurs.

GILLES.

Ah! malheureux, je suis dépouillé.... Le commissionnaire aura gardé ma valise pour boire.

GILLETTE, *à part.*

Bon, le voilà dans l'embarras. Je vais bientôt l'y mettre davantage.

CASSANDRE.

Suffit, j'y vois clair.

GILLES.

Monsieur Cassandre, ayez donc l'esprit.....

CASSANDRE.

Je m'en tiens à la lettre....

GILLES.

M. Cassandre, vous êtes une dupe.

ARLEQUIN.

A la lettre, Monsieur.

CASSANDRE, *à Gilles et à Gillette.*

Délogez , maîtres fripons.

ARLEQUIN.

Bon, me voilà reconnu pour Gilles ; mais pourtant si j'allais le devenir !.... Ce ne serait pas mon compte.

GILLETTE, *à part.*

Voilà le moment de démasquer Gilles. (*Haut.*) *feignant de pleurer.* Se voir traitée de la sorte, hi , hi , hi. (*Elle tire son mouchoir de sa poche, en laisse tomber un papier et rentre dans la coulisse.*)

CASSANDRE.

Un papier !

ARLEQUIN.

Il va peut-être nous donner le fil de cette trame, voyons.

CASSANDRE.

Il est signé GILLES.

GILLES.

En bâtarde ? C'est quelques titres de famille que ce fripon m'aura volé. Justement, je reconnais ma main.

CASSANDRE.

Bon, nous vérifierons l'identité de l'écriture.

GILLES, *sautant de joie.*

Vous allez me connaître, M. Cassandre...., vous allez me rendre justice.... Lisez vîte ce papier.

CASSANDRE.

C'est une promesse de mariage.

COLOMBINE, *à part.*

Je respire.

GILLES.

Une promesse ? Montrez-moi ce chiffon , je vous prie.

CASSANDRE.

Un moment.... J'en veux prendre lecture , au préalable. (*Il lit.*) « Je soussigné, Jean Gilles, natif de Bergame, en- » gage ma parole à demoiselle Gillette, native du même lieu, » à l'effet de m'attacher à elle par les liens d'un légitime ma- » riage ; m'engageant de plus à n'épouser aucune autre femme

» du vivant de ladite demoiselle. En foi de quoi j'ai signé le
» présent, avec paraphe.
» Ce premier avril 1806.

Signé, GILLES.

L'acte est authentique ; rien n'y manque.

(*Gillette revient dans son premier costume, et Arlequin entre
dans la boutique.*)

GILLES, *à part.*

Je suis pris comme un sot.

GILLETTE, *lui frappant sur l'épaule.*

Comme vous dites, cousin.

GILLES.

Ouf! Gillette en propre individu.

CASSANDRE.

Comment ? Mon gendre futur s'était déjà engagé ? J'allais
admettre un polygame dans ma famille ! Mais quelle est cette
Gillette dont il s'agit ici ?

GITTETTE, *passant entre Cassandre et Gilles.*

Votre voisine, et le second Gilles qui s'est présenté chez
vous.

CASSANDRE.

Ah ! ah ! Mais Gilles l'Africain, quel est-il ?

ARLEQUIN, *revenant dans son premier costume, et se
glissant entre Cassandre et Colombine.*

Arlequin, artiste en peinture, tout à votre service.

CASSANDRE.

Oh! oh! c'est ma nouvelle pratique.

ARLEQUIN.

Et le plus sincère adorateur de Mademoiselle Colombine.

CASSANDRE.

Qu'est-ce à dire, ma fille ? M'expliquerez-vous ce mystère ?

COLOMBINE.

Mon père....

CASSANDRE.

Vous ne dites rien ; je vous entends, Mademoiselle.

ARLEQUIN.

M. Cassandre, écoutez-moi de grâce.

CASSANDRE, *à colombine*.

Gilles ne peut plus être votre époux, puisqu'il s'est déjà promis à une autre. Quant à M. Arlequin, n'ayant pas l'honneur de connaître sa famille, je ne puis....

ARLEQUIN.

Ma famille, M. Cassandre ? Elle est très-connue à Paris, à Bergame, partout.... C'est une famille fort ancienne que celle des Arlequins.

GILLES.

M. Cassandre, ne vous gênez pas. Si mon alliance ne vous convient plus, la vôtre ne me convenait guères. Il n'y a jamais eu de taches dans notre famille, et, après ce qui s'est passé entre Mademoiselle Cassandre et M. Arlequin, si j'épousais la première, je courrais grand risque de me trouver....

CASSANDRE.

Suffit... Ce mot me décide.... Mademoiselle Colombine sera Madame Arlequin. La fille de Cassandre ne doit pas même être soupçonnée.

ARLEQUIN.

C'est parler comme un César. (*A Colombine.*) Madame Arlequin, embrassez votre époux.

GILLES.

Cousine Gillette, vous avez ma promesse, je suis prêt à y faire honneur.

GILLETTE.

C'est trop d'honneur, cousin, et je vous la rends.

GILLES.

Comment?

GILLETTE.

En morceaux. Je ne veux pas m'exposer à vos retours de conscience.

VAUDEVILLE.

AIR *Nouveau.* (de Wecht.)

ARLEQUIN, *à Colombine.*

Me déguisant, pour abuser ton père,
Je l'avouerai, je l'ai fait en tremblant :
Tu ne m'en voudras pas, j'espère,
D'avoir changé du noir au blanc.

Mais quand l'hymen couronnera ma flâme,
J'aurai du moins le doux espoir
Que je ne verrai pas ma femme
Passer du blanc au noir.

GILLETTE.

Le célibat souvent nous contrarie;
Moi, j'en fais un aveu bien franc.
Fille croit, lorsqu'on la marie,
Qu'elle passe du noir au blanc.
Mais dans l'hymen rencontrant l'esclavage,
Souvent elle voudrait se voir,
Par un agréable veuvage,
Passer du blanc au noir.

FRANÇOIS.

Noirci chez nous de plus d'une manière,
En dépit de votre talent,
Vous ne prétendez pas, j'espère,
Pouvoir changer du noir au blanc.

GILLES.

Pour ma vertu je veux qu'on me renomme;
Et guidé par ce doux espoir,
Je vais, afin d'être honnête homme,
Changer du blanc au noir.

CASSANDRE.

Lorsque le tems, de qui la main nous glace,
Nous fait marcher d'un pas plus chancelant,
Sur nos cheveux gardant sa trace,
Nous passons tous du noir au blanc.
La gaîté charme au matin de la vie;
N'allons pas, changeant vers le soir,
Par la sombre mélancolie,
Passer du blanc au noir.

COLOMBINE.

Craignant toujours un arrêt redoutable,
Un auteur n'écrit qu'en tremblant:
Maint censeur est trouvé coupable
D'avoir noirci du papier blanc.
Si l'indulgence écartant tout scandale,
A blanchi le noir ce soir,
N'allez pas, à l'heure fatale,
Passer du blanc au noir.

FIN.

DE L'IMPRIMERIE DE POSSIEN ET BRETON, RUE
BEAUBOURG, N°. 34.